高校バスケットボール『考える』戦い方シリーズ

豊浦高式 マッチアップ ゾーン

著 **枝折 康孝**

山口県立豊浦高等学校
バスケットボール部コーチ

ベースボール・マガジン社

はじめに

──本書の出版にあたって──

「正しいバスケットはあっても、絶対っちゅうバスケットはないけぇの」

これは、私の父、幸正（2020年10月逝去）が生前によく言っていた言葉です。

「正しいバスケットボール」はあります。それは、チームを率いる指導者が培ってきた経験や学んできた知識などが信念となり、それをもとに選手を育ててチームを築いてきた、いわば結晶です。

しかし、「正しいバスケットボール」はあっても、「絶対というバスケットボール」はありません。

「正しいバスケットボールをいくらやろうとも、絶対に勝てるというバスケットボールはないのだ。そのことを忘れるなよ」

父の背中を見て育ち、父と同じ高校バスケットボールの指導者になった兄と私に、父は、そう伝えてくれたのです。

 ## 「とようら」ではなく「とよら」

私、枝折康孝は、現在、山口県立豊浦高校男子バスケットボール部のコーチ（監督）を務めています。

豊浦は、「とようら」と読まれがちですが、実際には「とよら」です。県内ではさすがに「とようら」と読む人はほとんどいませんが、全国大会などに行くと、たいてい「とようら」と読まれます。本書をきっかけに覚えていただければありがたいと思います。

私は1980年6月生まれで、高校時代に全国大会で9冠を獲得した田臥勇太選手（宇都宮ブレックス）と同い年です。いわゆる「田臥世代」ですが、母校の山口県立岩国高校時代は、全国大会はもちろんのこと、県内でも9冠を達成できま

せんでした。全国大会はウインターカップ（全国高等学校バスケットボール選手権大会）に1度出場したくらいですが、ありがたいことに、U18日本代表の強化合宿やナイキキャンプに呼んでいただいたことがあります。天理大学に進学後、関西大学トーナメントで優勝したり、個人的に新人王に選ばれたりしました。関西選抜に選ばれたこともありますが、日本一の経験はありません。

大学卒業後、山口県の公立高校教員になりました。公立なので、赴任した高校にずっといられるわけではありません。私にとって、豊浦は4校目になります。

選手のリクルートは、決して簡単ではありません。声をかけられるとしても、県内の選手ばかりですが、それも赴任して数年くらいです。ずっと同じ学校にいられるわけではなく、転任の辞令がいつ下りるかわからないからです。「豊浦で一緒にやろう。全国を目指そう」などという声をかけられないのです。もちろん、特待生制度などないので、声をかけたとしても、その子が確実に豊浦に入学できるという保証はありません。

それでもなお、県内ではバスケットボールの強豪校としての伝統を守っています。豊浦で全国大会を目指したい子どもたちが、受験を突破し、入部してくれています。そして、入学後は全国大会で勝ちたいとの目標を胸に頑張ってくれています。

部員の中には、中学時代に市の大会で1度も勝ったことがない子、もっと言えば、バスケットボールの経験がない子もいます。寮はありません。電車で数時間かけて通学する子もいますし、県内遠方に住む保護者のサポートを受けながら、

学校がある下関市内で一人暮らしをする子もいます。

また、かつてと比べると、少し低迷していますが、今なお県内有数の進学校のひとつです。そのためというわけではありませんが、バスケットボール部をはじめ、ほとんどの部は、朝練をやりません。その分、「朝課外」と呼ばれる勉強に力を入れています。

しかし、それも考え方次第で、朝課外を行うのは、放課後は部活動に専念してほしいからとの捉え方ができます。とはいえ、放課後にしても、夜遅くまでは練習できません。原則として、平日は16時から18時30分くらいまで。週に2回は授業の関係で16時45分スタートの日があるので、そのときは19時くらいまでです。休日は西日本各地の高校に遠征に出向くか、逆に来ていただいて練習試合を組んだりします。それらがなければ、終日練習する流れです。

豊浦には女子のバスケットボール部がないことから、男女のバレーボール部と私たちの3つの部で、体育館を分け合って練習しています。基本的に、バスケットボールのコート1面は使えます。ただし、正規のサイズよりも2メートルほど狭く、フロアやリングは老朽化しています。そう考えると、全国どこにでもある公立高校の体育館と言っていいでしょう。

だからといって、才能や環境を言い訳に勝負を避けるようなことはしたくありません。私の目標は、あくまでも「日本一のチームをつくる」ことであり、「世界で戦える選手を育てる」ことです。一方で、教師である以上、「人の気持ちを理解できる人間性を育てる」ことも忘れていません。むしろ、それを大切にし、

土台にした上で、日本一のチームや世界で戦える選手を育てたいと思っています。それは、やや大げさに表現すると、高校教師をしていた両親から授かった私自身の信念と言っていいでしょう。

■ 私学優勢の高校バスケットボール界

自己紹介が長くなりました。ここからは高校バスケットボールの話をしましょう。

近年の高校バスケットボール界は、私学（私立高校）が優勢です。留学生のいるチームがありますし、いないにしても、日本各地の優秀な選手をリクルート次第で迎え入れられます。そんな私学に対し、公立は、個々のタレント力ではなかなか太刀打ちできません。

タレント力だけでなく、スポーツを行う環境にも差があります。体育館をはじめとする施設の充実、活動費の多寡（遠征の有無）、朝練習や居残り練習など、バスケットボールができる時間にも違いがあります。

もちろん、強豪校と言われる学校が全国の上位にいられるのは、選手たちのタレントとチームの環境だけによるものではありません。私学各校のコーチたちと話してみると、公立にはないさまざまな苦労を抱えながらも、預かった子どもたちの才能をより伸ばそうと、さまざまな試行錯誤をされていることがわかります。そんなコーチたちの指導を受ける子どもたちも、うまくなりたい、強くなりたいというそれぞれの思いを形にするべく、懸命に努力しています。その姿勢には、公立、私立に関係なく、頭が下がる思いです。それでもやはり、強豪私学のタレ

ント性や環境をうらやましく思うことがないわけではありません。

山口県にも、優秀な選手はいます。例えば、河村勇輝選手（横浜ビー・コルセアーズ。福岡第一高校出身）や中村太地選手（シーホース三河。福岡大学附属大濠高校出身）は、山口県出身ですが、高校から他県に出ました。女子では、都野七海選手（トヨタ紡織サンシャインラビッツ。大阪薫英女学院高校出身）が同様の選択をしました。

彼らのようなプロになった選手を見ると、山口県に残ってくれていたら、私が指導できていたらと思うことが、まったくないわけではありません。

一方で、彼らはそれぞれの高校に進んだからこそ、今があるのだと思います。山口県に残っても同じ道を進めていたのだろうかと想像すると、おそらくそうではなかったでしょう。少なくとも、今の彼らにはなっていなかったと思います。そういう意味では、私学の特性（特長）を踏まえた、いい選択を彼らはしたのです。

■ マッチアップゾーンで 強豪私学に対抗

才能豊かな選手たちが県外に出ても、残された我々公立高校が強豪私学に歯がまったく立たないかと言えば、そんなことはないと思います。考え方や工夫次第で対抗できるのではないでしょうか。それこそ、父の教えである「絶対に勝てるというバスケットボール」はないのです。強豪私学と争うためには、まずは基礎の充実が欠かせません。それは、公立、私立に関係なく、育成年代の高校生にとって、必要な要素です。

才能豊かな選手が在籍し、素晴らしい

環境にある強豪私学に対抗するには、基礎の充実に加え、戦術を最大限に活用することが重要になります。その一端が、私たちが行っているディフェンス戦術「マッチアップゾーン」です。

私たちは、それを駆使しながら、これまで全国大会で戦ってきました。最高順位はベスト16ですが、本書をきっかけに、工夫によっては、公立高校でも全国大会で上位まで勝ち進むチャンスがあるのだと感じていただきたいと思います。さらには、ここからより深い議論を読者のみなさんとできるのではないかと考えます。

全国大会の最高位がベスト16の公立高校が何を言うか。そう思われる方がいらっしゃるかもしれません。しかし、繰り返しになりますが、公立高校であっても、プレーを工夫する考え方や「同じ高校生が相手なんだから、簡単には負けるものか」といった強い心を育むことができれば、十分に勝機はあると、私は信じています。

もちろん、強豪私学は、簡単に勝てる相手ではありません。その点は、十分にわかっています。

豊浦がある下関市は、山口県の西端に位置します。関門大橋を渡れば、すぐに福岡県なので、福岡第一や福岡大学附属大濠といった強豪高校には、平日だって胸を借りることができます。彼らの強さを十分に理解していますが、その上で、彼らを打ち破ってみたいと考えます。豊浦を選んでくれた県内の普通の子どもたちと、10回に1回あるかないかのチャンスを一緒につかんでみたいのです。

マッチアップゾーンの詳細については後述しますが、それを引き出してくださったのは、天理大学時代の恩師である二

杉茂コーチ（2022年2月逝去）です。

　私の世代の筆頭である田臥選手が所属していた秋田県立能代工業高校、その頃の大学ナンバーワンだった日本体育大学、長年にわたって日本リーグをリードしてきたいすゞ自動車などが繰り広げていた、フルコートで速い展開のプレーが日本のバスケットボール界を席巻する中、二杉コーチは、「ディレイドオフェンス」（攻撃のペースをわざと遅くし、相手のリズムを狂わせる戦略）で関東の大学に挑み続けました。父が言っていた「絶対というバスケットボールはない」ことが、二杉コーチのバスケットボールにも通底していました。

　マッチアップゾーンは通常とは異なる変則的なゾーンディフェンスですが、それを二杉コーチから学び、私なりのエッセンスを加えたのが豊浦のマッチアップゾーンです。

　本書を出版することによって、私たちのマッチアップゾーンの動きが露呈し、対策されてしまうのではないかと危惧する声が周囲から聞こえてきましたが、私はそれでもいいと思っています。対策されたら、私は、それを上回るものを考えます。

　本書を通じて、どこかでお会いするかもしれないコーチの方や私と同じくバスケットボールを愛する読者のみなさんと、いつか、バスケットボール談議をしてみたいと願っています。そうしたコミュニケーションの中から、私自身が、もっともっと学びたいのです。本書の内容を進めるにあたり、まずはそのことをお伝えしておきたいと思います。

CONTENTS

第０章
なぜ、豊浦は
マッチアップゾーンを
採用しているのか?

第１章
豊浦式マッチアップ
ゾーンの基本

第2章
ゴール近辺の守り方

第3章
ボールマンからの
アタックの守り方

第4章
ピックプレーの守り方

第5章
豊浦式ディフェンスドリル

本書の使い方

選手の足元にある円について

　オフェンス側として青、ディフェンス側として赤、黄、緑、紫という最多で5色を使い、選手が立っている足元の位置に円を表示しています。色は移動する選手の位置を見やすくするために表示しているもので、オフェンスとディフェンスの違い以外の特定のポジションや役割を表すものではありません。

矢印について

　写真上にある各矢印は、選手の動き、ボールの動き、オフェンスのドリブルを表しています（右の図）。

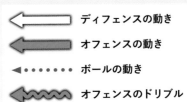

ディフェンスの動き

オフェンスの動き

ボールの動き

オフェンスのドリブル

第 0 章

なぜ、豊浦は
マッチアップゾーンを
採用しているのか？

　ディフェンスには大きく分けて2種類の守り方がありますが、実は第3の選択
肢として、「マッチアップゾーン」と言われる守り方があります。豊浦は、その
マッチアップゾーンを駆使しながら、毎年、全国大会に挑んでいます。なぜ、豊
浦はマッチアップゾーンを採用しているのか、枝折康孝コーチの考えに迫ります。

マッチアップゾーンを知る

長所を組み合わせた戦術

バスケットボールのディフェンス戦術は、大きく分けて2つあります。「マンツーマンディフェンス（以下、マンツーマン）」と「ゾーンディフェンス（以下、ゾーン）」です。

マンツーマンは、簡単に説明すると、1人の選手（ディフェンス）が特定の相手（オフェンス。以下、マークマン）を守る戦術です。ボールが移動しても、あるいは人が移動しても、原則として、自分が受け持つマークマンを守ります。

一方のゾーンは、5人のディフェンスそれぞれが特定の相手を守るのではなく、自陣の守備地域を5エリアに分け、5人の選手が指定されたエリアを受け持つ戦術です。そして、受け持ったエリアに進入してきた相手に対し、守備を行います。ボールが移動しても、あるいは人が移動

しても、原則的として、自分が受け持つエリアから大きく離れることはありません。また、ボールマンに対しては、原則として、最も近い位置にいる選手が守備を行います。

マンツーマンおよびゾーンには、それぞれ長所と短所があります。本書で紹介するのは、マンツーマンとゾーンの長所を組み合わせた「マッチアップゾーンディフェンス（以下、マッチアップゾーン）」です。マッチアップゾーンも、「ゾーン」と名がつくくらいなので、冒頭に記した2つのディフェンス戦術のどちらかに分類するのであれば、ゾーンになります。ただし、通常のゾーンとは異なり、ディナイやスイッチを行うので、変則的なゾーンと言えます。

ゾーンディフェンスのメリットとデメリット

マッチアップゾーンもゾーンの一種なので、ゾーンについて、もう少し触れておきたいと思います。

ゾーンを行う理由のひとつは、ペイントエリア周辺の守備を固めることにより、ゴール近辺でのシュートを簡単には打たせないようにするためです。

豊浦は決して身長の高いチームではありませんが、全国の強豪校の中には、長

身の留学生や日本人ながらも190センチ超や200センチ超の選手がいます。

バスケットボールでは、高さが大きな武器になります。その高さを活用する形でゴール近辺においてシュートを打たれたら、身長で劣る私たちとしては、簡単には太刀打ちできません。そこで、ゾーンを使うことにより、2人もしくは3人の選手が相手の長身選手に寄りやすくし、

ゴール近辺でのシュートを簡単には打たせないようにするのです。確実性が低いシュートを遠い距離（アウトサイド）から打たせ、外れたボールのリバウンドを狙います。

ゾーンは、前述したように、特定のマークマンを持たないため、ディフェンスの配置がオフェンスの配置や動きに対して依存しにくく、また、ディフェンスの選手同士の間隔を保ちやすいため、全体のバランスも保ちやすいというメリットがあります。そのため、ボールマンを守りに出たディフェンスが抜かれたとしても、残りの４人が連係することでフォローしやすく、ディフェンスの選手が存在しないスペース（空間）を生まれにくくします。

ディフェンスの連係がうまくとれれば、「１対１」における個々の守備能力がそれほど高くなくても、チームで失点を防ぐことができます。

原則として、ゾーンにおいては、自分が受け持つエリアに進入してきたオフェンスに対してマークを行います。しかし、そのオフェンスが、24秒間ずっとエリアから動かないことはないでしょう。自分が受け持つエリアからほかの選手が受け持つエリアへと移動することが、多々あるわけです。その際にマークを受け渡す（自分のエリアを忠実に守る）のか、あるいはマークを受け渡さずにそのままオフェンスについていく（受け持つゾーンを交換する）のかについては、状況やチームの方針によって異なります。

ただし、一般的には受け渡しをすることが多いでしょう。その場合、身長差や能力差などのミスマッチが発生しやすく、ディフェンスにとっては不利になることがあります。

また、マークの受け渡しは、それぞれが受け持つエリアの境界で行われるので、ディフェンス同士の連係が重要になりま

す。連係が悪いと、どちらがマークするべきなのか、その責任の所在があいまいになり、隙が生まれやすくなります。

　だからといって、マークを受け渡さなければ、ゾーンの配置が崩れてディフェンスのバランスが悪くなり、ゾーンのメリットを生かせなくなります。あるいは、本来は適していないエリアを守ることになり、ミスマッチなどが起こりやすくな

ります。

　特定のマークマンが決まっていないために、ノーマークのオフェンスが生まれる、責任の所在がはっきりとしないために、ボックスアウトがあいまいになる、オフェンスリバウンドを取られやすい（セカンドチャンスを与えやすい）といったデメリットがあります。

長所と注意点

　私は、ディフェンスの基本はマンツーマンだと考えます。オフェンス1人につき、ディフェンスが1人で守れるのであれば、それに越したことはありません。全国大会であっても、マンツーマンだけで戦えるチームをつくりたいと思っています。

　しかし、現実的には、身体能力や運動能力には差があります。マンツーマンだけで戦おうとすると、タレントの力（個の力）で打開されます。相手チームにド

ライブが得意な選手がいれば、簡単に得点されますし、身長差のミスマッチを突かれる可能性が非常に高くなります。

　発展途上である高校年代においては、個の力の差が結果に如実に表れがちですが、割りあてられたエリアを5人で守るゾーンを敷けば、その差を多少なりとも解消する助けになります。実際に、私たちのチームもゾーンディフェンスを敷いたことがありますし、マッチアップゾーンとゾーンを併用する、いわゆるチェン

ジングディフェンスを今でも採用しています。そこにマンツーマンを組み合わせ、相手をさらに混乱させるやり方も取り入れています。

しかし、ゾーンには、前述したようにデメリットがあります。エリア間にギャップ（スペース）が生まれやすく、そこを突かれることで守りにくくなります。自チームの選手の特長を生かしながら、相手の特長を消そうとしても、パスがうまい選手が相手チームにいると、ノーマークのシュートを簡単に打たれてしまいます。

そこで豊浦が採用したのが、マンツーマンとゾーンの長所を組み合わせたマッチアップゾーンだったのです。

一方で、マッチアップゾーンについては、注意するべき点があります。最も大事なのは、チームメイトと共通理解を持っておくことです。

マッチアップゾーンにおいても、ゾーン同様、それぞれの選手に役割があります。しかし、役割ばかりを意識しすぎると、「このオフェンスを守るのはA」、「こ

のエリアを守るのはB」、「Cがうまくディフェンスできなかったために失点した」といった言い訳が生まれます。私は、「個人が失点しているのではない。チームが失点しているのだ」と、選手たちによく話しています。

バスケットボールは、守備の側面で言えば、１個のボールを守る競技です。そのため、個々のディフェンス力が求められますが、同時に、私は、豊浦として１個のボールを守ること、つまり、「チームディフェンス」のフィロソフィーを理解してもらいます。「ハリーバック（素早く自陣に戻ること）」と素早い「ピックアップ」が絶対条件であり、相手オフェンスが１人で速攻を仕掛ける場合でも、５人全員が戻って守ることを要求します。オフェンスの終わり方によっては、セーフティーの仕方にも注意を払います。

豊浦は、相手の力量だけでなく、チームメイトそれぞれの身長や動きの特徴、予測力、瞬発力などを理解した上で、チーム全体で守ります。それをマッチアップゾーンにも適用しています。

第 1 章

豊浦式マッチアップ
ゾーンの基本

豊浦が駆使するマッチアップゾーンとは、どんな守り方なのでしょうか？　情報化が当たり前の現代においては、多くの指導者が、基本的なマッチアップゾーンについての知識を持っています。だからこそアレンジをどう加えるかがポイントです。勝つために取り入れている豊浦式マッチアップゾーンを紹介します。

1

基本の陣形と動き

「3-2」陣形の3つのバリエーション

マッチアップゾーンには、ゾーンと同様に、いくつかの陣形があります。「3-2」、「2-3」、「1-1-3」などですが、豊浦は、「3-2」を採用しています。「3-2」で陣形をつくると、オフェンスはツーガードになることがありますが、その場合もマッチアップするので、見た目としては「2-3」のような陣形に変化します。

ノーマル

前列が3人、後列が2人の「ノーマル」陣形です。それぞれがオフェンスにマッチアップします。

ツーガード

ツーガードに対してもマッチアップするため、「2-3」のように見えます。

ツーガード（ディナイ）

ウイングに対し、簡単にはパスさせたくなければ、ディナイを行います。これは、ツーガードの際もワンガードの際も同じです（写真はツーガード）。

マッチアップゾーンの基本的な動き

スタート

一般的

豊浦式マッチアップゾーン

ボールがトップからウイングに移ったら、ボールに近い前列のディフェンスが、ボールマンにマッチアップします。その際は、ほかの4人も、「3－2」の陣形を保持しながら、ボール方向に動きます。

そこから、同じサイドのコーナーにボールが移動した場合、一般的なマッチアップゾーンとしては、後列2人のうちのボールに近い選手が、コーナーのボールマンにマッチアップします。

しかし、そうすると、サイズが大きい選手がゴール近辺にいなくなります。豊浦のようなサイズが小さいチームの場合、メンバーの中で比較的大きい選手がアウトサイドに出ていくと、ペイントエリア内にボールを入れられたときの守りが、さらに手薄になります。

ですから、豊浦は、ウイングを守っていたディフェンスがそのままコーナーに下りてマッチアップします。同時に、前列の真ん中を守っていた選手がウイングを、前列のボールに遠いサイドにいたディフェンスが、トップと逆サイドのウイングの2人を見ます。メンバーの中で比較的大きい選手をペイントエリア近くに残しておき、相手ビッグマンのダイブやリバウンドなどに備えます。

トップからコーナーに直接ボールが飛んでいくときも、同じ動きになります。

コーナーから直接トップへ

　前ページとは逆に、コーナーから直接トップにスキップパスを飛ばすことがあります。その際は、ボールから遠いサイドの前列外側のディフェンスがトップとヘルプサイドのウイングの2人を見るので、スピードがないパスがトップに戻ってくるようなら、スティールを狙います。

　しかし、全国大会に出てくるようなチームだと、コーナーからトップへのスキップパスにも勢いがあります。簡単には、スティールできません。その場合は、ボールサイドのウイングを守っていた前列真ん中のディフェンスが、パスと同時にスプリント（ダッシュ）し、トップを守りに行きます。

　その際は、トップに近いところにいる前列

外側のディフェンスも、いったん、トップにマッチアップしに行きます。簡単には逆サイド（写真の左サイド）に展開させないようにするためです。連続したパスで大きく揺さぶられると、エリアを守るゾーンの陣形が崩れます。オフェンスにリズムよくボールムーブさせないように守ります。

　真ん中のディフェンスは、前列左側のディフェンスがオフェンスに対してリズムよくボールムーブさせない守りをしている間に、ボールマンに到達します。2人でボールマンを受け渡すようにし、前列左側のディフェンスは、左ウイングを守る位置に戻ります。同時に、ほかの3人も基本陣形に戻ります。

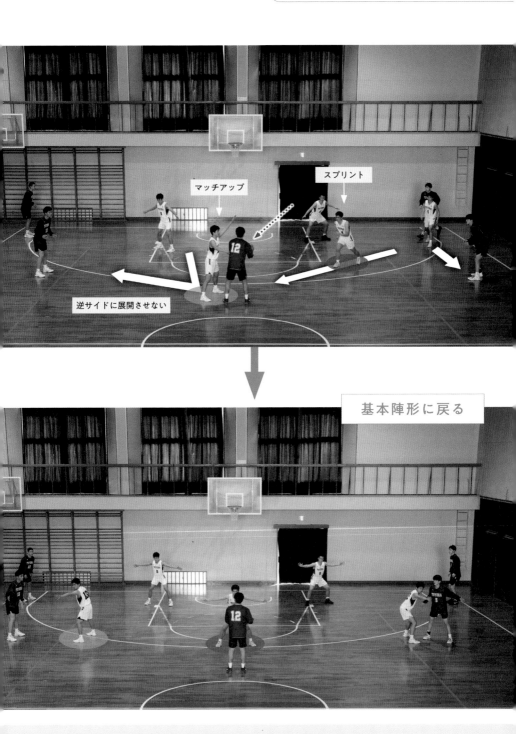

スプリント

マッチアップ

逆サイドに展開させない

基本陣形に戻る

2 ボールマンの動きに対応する

ディフェンスとしては、マッチアップゾーンにしろ、ゾーンにしろ、相手に自由にボールムーブさせたくありません。ですから、オフボールのオフェンスに対し、パスコースに手を入れるディナイを行います。

しかし、常にディナイすると、特にウイングは、バックカットなどで裏を突かれることがあります。もちろん、オフェンスが突いた裏には、ディフェンスのチームメイトがいますが、それでも「2対1」などのピンチを招くことがあります。

ボールマンが自分のサイドとは異なる方へとピヴォットで体を向けたら、ディフェンスはその瞬間に体を開き、オープンで守ります。

後列のディフェンスも、ボールマンがピヴォットした方へと半歩から一歩動きます。

ボールがハイポストに入った場合

　ボールがトップからハイポストに入ったら、ボールサイドのウイングは、ディナイを解き、いつでもハイポストのオフェンスにヘルプできるポジションに立ちます。そのほかの3人、すなわち、トップとヘルプサイドの前後列のディフェンスは、ボールマンに半歩から1歩近づき、簡単にはハイポストからアタックさせないようにします。

　ただし、オフボールのオフェンスに合わせの動きをさせないようにするため、ハイポストのボールマンだけでなく、自分に近いオフェンスの動きも常に確認しておく必要があります。

ウイングがコーナーに下りたら

　ボールがハイポストに入った際にボールサイドのウイングがコーナーに下りたら、前列外側のディフェンスは、その動きに対応し、ポジションを変えます。

　ただし、その場合、ボールマンのアタックにヘルプする意識を持つと同時に、コーナーに下りたオフェンスの動きにも注意することが大切になります。

3 トップからのカットプレーに対応する

カッターがボールサイドへ移動した場合

トップの選手は、ウイングにパスしたあと、しばしば、ゴールに向かってカットします。ボールの移動に対し、トップの選手にマッチアップしていた前列真ん中のディフェンスは、ボールサイドに寄ります。ただし、移動したあとも、トップの選手の動きに注意しておかなければいけません。トップの選手がゴールに向かってカットしたなら、首を振ってでも、その選手の動きを把握しておく必要があります。

カットしたトップの選手（カッター）がボールサイドのコーナーに移動するとわかった場合、前列真ん中のディフェンスは、ウイングでボールを持っている選手を守るために、素早く出ます。同時に、ボールマンを守っていた前列外側のディフェンスは、コーナーに下がり、移動してきたオフェンスを守ります。

ゾーンでもよく言われることですが、豊浦式マッチアップゾーンでは、マッチアップする相手の「受け渡し」がポイントになります。ボールマンを守っていた選手が、ボールマンから離れて、オフボールのオフェンスを守りに出ることがあります。これは豊浦式マッチアップゾーンのひとつの特徴とも言えます。その際は、ボールマンの受け渡しを確実に行わなければいけません。ボールマンのディフェンスが先にボールから離れたら、シュートを簡単に打たれます。

カッターがヘルプサイドへ移動した場合

トップからゴールに向かってカットしたオフェンス（カッター）が、ヘルプサイドに移動した場合、「3－2」の陣形を大きく変える必要はありません。ただし、ボールから離れたところにいる前列外側のディフェンスは、ポジションをやや下げ、自分に近いウイングとコーナーの両方を注意しておく必要があります。

4 オーバーロードに対する一般的な守り方

通常のマッチアップゾーン

　ゾーンを攻略する戦術のひとつに「オーバーロード」があります。コートの一方のサイドにオフェンスを集め、遠いエリアを受け持つディフェンスの無力化を図るものです。

　ウイングのオフェンスが、コートを横断するようにしながら、逆サイドのコーナーに向かってカットします（オーバーロード）。その際、一般的なマッチアップゾーンでは、オフェンスの受け渡しをしながら、マッチアッ

プする相手を変えます。つまり、カットしたウイングを守っていたディフェンスは、同じサイドのローポストを守り、もともとそこにいたディフェンスは、ペイントエリアの中央あたりに移動します。

　もう1人の後列のディフェンスは、押し出されるようにしてオーバーロードしてきたオフェンスを守るので、「2－3」のような形になります。

　しかし、この場合、後列に下がったウイングとローポストにいるオフェンスとの間に身長のミスマッチが起こることがあります。後列に下がったディフェンスは手を上げ、簡単にはパスを通させないようにしますが、190センチを超えるような選手がローポストに立つと、手を上げても、その上を通すパスを出されます。その際は、ペイントエリアの中央に寄っていたビッグマンが近づき、サンド（ダブルチーム）でビッグマンの攻撃を封じます。

　後列のもう1人のディフェンスは、ローポストにいるオフェンスにパスを出させないように、ポジションをとります。

　また、前列外側のディフェンスは、コーナーとウイングにいるオフェンス2人の動きに注意しておきます。

5 オーバーロードに対する豊浦の守り方

豊浦式マッチアップゾーン

オフェンスのオーバーロードに対しては、前ページのような受け渡しをすることがありますが、サイズが特に小さいチームの場合、ローポストでのサンドが有効ではないことがあります。特に身長が200センチ超のビッグマンが相手だと、サンドでも間に合わないことがあります。

私は、同じミスマッチであっても、170センチのディフェンスが200センチのオフェンスを守るのと、180センチのディフェンスが200センチのオフェンスを守るのとでは、状況が異なると考えます。可能性としては、後者の方が少しは相手を苦しめられるのではないかと想定できます。ですから、原則として、後列に立つサイズが大きい選手をアウトサイドに出したくありません。

そこで、オフェンスがオーバーロードしてきた際は、その移動に対して、「切れた」としっかりと伝え、受け渡しを行います。

オーバーロードしたオフェンスにマッチア

切れた

ップしていた前列外側（P30の下段写真）のディフェンスは、後列のディフェンスに受け渡したら、トップにいるボールマンをスプリントで守りに出ます。ボールマンの受け渡しを行ったら、それまでボールマンを守っていた前列真ん中のディフェンスは、ウイングに移動し、ウイングを守っていた前列外側のディフェンスは、オーバーロードしてきたオフェンスを守ります。

オーバーロードしてきた選手に近い後列のディフェンスも、瞬間的にはアウトサイドに出ます。しかし、前列外側のディフェンスに受け渡したら、ペイントエリア内にすぐに戻ります。

ここでも「２－３」の陣形に変わりますが、そうすることにより、サイズのミスマッチをつくらずにマッチアップゾーンを続けられます。

6 ナナメカットに対応する

ディナイしながら、ボールマンディフェンスを受け渡す

　シャローカットのように、ウイングが高い位置で逆サイドに移動することを豊浦では「ナナメカット」と呼んでいます。

　ナナメカットを使ってオーバーロードしてきたら、前列外側のディフェンスは、カットするオフェンスに対し、ディナイしながらついていきます。そして、そのオフェンスがミ

ドルライン（ゴールとゴールを結んだ架空の線）を越えたところで、前列真ん中のディフェンスと受け渡しを行います。つまり、トップにいるボールマンを前列外側のディフェンスが守り、ナナメカットしたオフェンスについては、前列真ん中のディフェンスが守るわけです。

ディナイ

　受け渡し後にボールマンを守るディフェンスは、シュートを打たれないようにするために、素早く守りに出ることが大切になります。また、オープンになったサイド（ナナメカットしたオフェンスがもともといたサイド）を

ドライブされないように、ディレクションしておくことも重要です。

　ナナメカットしたオフェンスにボールマンがパスを出したら、それぞれが適切なポジションに立ち、マッチアップゾーンを続けます。

ディレクション

7

ハイポストフラッシュに対応する

　ローポストにいるオフェンスがハイポストにフラッシュしたら、原則として、後列のディフェンスが、まずは簡単にはパスを入れさせないようにして守ります。同時に同じサイドのウイングがバックカットするような形でペイントエリアに進入してくることがありますが、その場合は、前列外側のディフェンス

が、ウイングの動きについていきます。このアクションが起こっていないサイドにいる後列のディフェンスは、バックカットに直接パスが飛ぶことにも注意します。ボールマンの目を見ながら、アクションが起こっているサイドに少し寄っておきます。

　全国のトップクラスになると、バックカッ

トするウイングが190センチ超の選手だったりします。そうなると、ゴールに近いところでミスマッチが生まれるので、ハイポストフラッシュを守りに出た後列の選手とバックカットを守りに行った前列外側の選手が、受け渡しを行い、ゴール付近でのミスマッチが少しでも解消されるようにします。

　ミスマッチで怖いのはリバウンドです。身長差を生かした「１対１」（ポストアタック）も怖いのですが、「１対１」に関しては、マッチアップゾーンも「ゾーン」なので、周りのチームメイトが助けやすい利点があります。しかしながら、リバウンドに関しては、全員がボックスアウトしている段階なので、ヘルプが難しく、ミスマッチが即失点につながる可能性があります。そのため、豊浦では、ここに記した受け渡しを基本にしています。

相手選手の特徴を見て、あえてステイ

ウイングとのマッチアップにおいて、身長やパワーなどのミスマッチがないのであれば、ハイポストフラッシュとウイングのバックカットに対してステイする、つまり、相手選手の特徴を見た上でマッチアップをあえて変えないという選択肢があります。

その際、ハイポストのフラッシュについた後列のディフェンスとしては、オフェンスとの間合いを詰めた上で、ボールマンが簡単にはパスを出せないようにすることが大切になります。

ステイを見て、ダウンスクリーンをかけられた場合

ディフェンスがステイした場合、フラッシュしたオフェンスは、ハイポストでボールを受けられないようであれば、すぐに反転し、ダウンスクリーンをかけに行くことがあります。バックカットでローポストあたりに下りたウイングから、ディフェンスを剥がそうとするわけです。

ディフェンスとしては、それに対する準備が必要があります。原則としては、ファイト

オーバーでついて、そのままディナイを行い、簡単にはパスを受けさせないようにします。

スクリーナーになったビッグマンがポストアップしたり、裏をとる動きをしたりすることがあるので、後列のディフェンスも、次のアクションに対する準備をしておきます（写真は後者。オフェンスが裏に示したターゲットハンドに対し、ディフェンスが手を合わせている）。

ステイを見て、オーバーロードされた場合（1）

ハイポストフラッシュとバックカットのアクションに対してステイ（P36）を選択した場合、バックカットしたオフェンスがそのまま逆サイドにオーバーロードすることがあります。その際は逆サイド（写真の右サイド）の後列のディフェンスに「切れた」と伝え、受け渡しを行います。

同時に、ハイポストに立つディフェンスに

「下りろ」あるいは「スイッチ」などと伝え、ディフェンスの位置を入れ替えます。最初にバックカットしたオフェンスを守っていた選手が、ハイポストのオフェンスを守り、ハイポストから下りた選手が、逆サイド（写真の右サイド）のローポストを守ります。

右サイドのローポストを守っていた選手とウイングを守っていた選手は、オーバーロードしてきた選手にスキップパスを通させないように守ります。

相手の狙いを読んで先回りし、その攻撃を封じるわけです。

オフェンスがオーバーロードを選択した場合、その目的は、シューターにシュートを狙わせることかもしれません。ハイポストフラッシュと同時に、ウイングからバックカットし、そのままオーバーロードする選手がシューターなら、マッチアップしていたディフェンスは、マッチアップし続けます。つまり、受け渡さずに、マンツーマンのような形でつくわけです。24秒クロックが8秒以下になったら、特にマッチアップを続け、シュートを打たせないようにします。

オフェンスは、ボールがトップにあったと

しても、ウイングを中継してコーナーに落とし、シュートを打たせようとします。それに対し、ディフェンスは、いいリズムのボールムーブからいいリズムでシュートを打たせないようにすることが重要です。

　逆サイドのウイングからついていったディフェンスは、ディナイをしっかりと行い、パスを受けさせないようにします。周りのディフェンスは、オーバーロードしてくる選手がシューターであることを認知します。全員でコミュニケーションをとりながら守らなければいけません。

ハイポストにフラッシュしたオフェンスがパスをハイポストで受けられない場合、その選手がポップアウトし、アウトサイドで受けることがあります。近年はサイズが大きい選手でも3ポイントシュートを打つことがあるので、注意が必要です。

サイズのミスマッチが生じる場合は、マッチアップしていた後列のディフェンスが、そ

のままマッチアップを続けます。ほかの 4 人のディフェンスは、ボールの位置を見ながら、ポジションを適宜変えていきます。

　ガードからのパスを受けたオフェンスが同じサイドのウイングに簡単にボールを渡すことがないように、前列外側にいるディフェンスは、特にしっかりとディナイを行わなければいけません。

ポップアウトされた場合（2）

ハイポストにフラッシュしたオフェンスがポップアウトした際に、前列外側のディフェンスとそれほどのミスマッチがない場合、あるいはミスマッチはあるが、ポップアウトした選手による3ポイントシュートやドライブがない場合などにおいては、受け渡しをすることがあります。受け渡しでは、ボールを受けたオフェンスに対し、同じサイドのコーナーに簡単にパスを出されることがないようにしなければいけません。

それでもボールがコーナーに下りたら、まずは後列のディフェンスが出ます。

しかし、ポップアウトしたオフェンスが再びペイントエリア内にダイブすることがあります。その際は、前列外側のディフェンス（写真の左側）が、コーナーを守りに行き、ポップアウトした選手のダイブに対しては、逆サイドの後列のディフェンスが、いったん寄っておきます。

　また、ヘルプサイドのローポストにいるオフェンスに対しては、ボールから遠いサイドにいる前列外側の選手が、守りに行きます。ローポストを守りに行った前列外側のディフェンスは、首を振ってもかまわないので、ヘ

ルプサイドのウイングの動きについて、同時に注意しておきます。

　コーナーでのボールマンの受け渡しを終えた後列のディフェンスは、ペイントエリア内にすぐに戻り、ダイブした選手を守ります。ヘルプに寄っていた後列の別のディフェンス　も、自分のエリアに戻ります。前列真ん中のディフェンスとローポストを守りに行っていた前列外側のディフェンスは、それぞれ、トップとヘルプサイドのウイングが見えるポジションをとります。

8 ハイポストフラッシュに対応する個人スキル

基本

ローポストを守るディフェンスは、原則として、オフェンスよりも前に立ちます。そうすることにより、オフェンスがハイポストフラッシュに動いた瞬間に素早く反応できます。しかも、オフェンスに並走することができます。その際は、ペイントエリアの内側を走るようにします。パスを簡単には出させないようにするために、ボールマンに対して手のひらを向け、ディナイを行います。

NG

　ローポストを守るディフェンスがオフェンスよりも後方に立つと、フラッシュに対する動きが遅れ、ハイポストでボールを受けられてしまいます。ハイポストはあらゆる角度にパスできる位置なので、簡単にはそこで持たせないようにする必要があります。

前列外側の
ディフェンスも狙う

　ハイポストフラッシュに対しては、相手に隙があるなら、後列のディフェンスとともに、前列外側のディフェンスも、そこに来るパスのカットを積極的に狙います。後列のディフェンスがペイントエリアの内側を走るため、ボールマンおよびフラッシュする選手は、外側でボールを受けようとします。そこは、前列外側のディフェンスが狙える場所です。

第2章

ゴール近辺の
守り方

　マッチアップゾーンを含むゾーンディフェンスを敷く理由のひとつとして、ゴール近辺を厚く守りたいことが挙げられます。身長差が有利不利を分けるバスケットボールにおいては、ゴール近辺で能力を発揮する相手長身選手をいかにして抑えるかが大きな課題と言えます。豊浦式マッチアップゾーンでは、どのようにしてゴール近辺を守っているのでしょうか？

1 ビッグマンに対応するチームディフェンス

ローポストのポジショニング（ボールがトップにある場合）

ハイポストフラッシュの項（P48）でも述べましたが、ローポストを守っているディフェンスは、原則として、ペイントエリアの内側において、ローポストのビッグマンよりも前に立ちます。オープンスタンスで立つか、

クローズドスタンスで立つかは、選手自身が判断します。身体能力を含めた相手との力の差やボディーチェックのやりやすさなどを基準に、自分で選択しましょう。

オープン

ローポストのポジショニング（ボールがウイングにある場合）

ボールがウイングにある場合、ボールサイドにいるローポストのディフェンスは、同じようにビッグマンの前に立ちます。ここでも、オープンスタンスで立つか、クローズドスタンスで立つかは選手自身の判断になりますが、原則として、オープンスタンスでスタートポ

ジションを守っていたのであれば、ボールが移動してもオープンスタンスで守り、クローズドスタンスでスタートポジションを守っていたのであれば、ボールが移動してもクローズドスタンスで守ります。その方が、動きに無駄が生じません。

ローポストにボールが入った場合

ローポストのビッグマンにボールが入った場合、それを守るディフェンスは、ゴール側に素早く回り、簡単には押し込まれないようにします。同時に、ボールサイドのウイングのディフェンスは、ビッグマンにちょっかいを出しに行きます。その際、ビッグマンに対して完全に体を向けると、ウイングにいるオフェンスの動きが見えません。ビッグマンとウイングの2人のオフェンスが見えるように、体を開いた状態で、ちょっかいを出しに行きます。

体を開いた状態で守る

ローポストからトップにボールが戻った場合

ローポストからトップにボールが戻った場合は、ボールを素早く展開されないようにするために、両ウイングのディフェンスは、ディナイの姿勢をとります。また、ハイポストフラッシュに対して、ボールを入れさせないようにして守ることも大切です。

2 ビッグマンに対応する個人スキル

ローポストのポジショニング（ボールがトップにある場合）

オープンスタンス

繰り返しになりますが、原則として、ペイントエリアの内側において、ローポストのビッグマンよりも前に立ちます。オープンスタンスなら、フリースローレーンにあるボックスをまたぐようにして立ちます。クローズドスタンスなら、ボールとビッグマンを結ぶ線上に自分の体が入るようにして立ちます。

クローズドスタンス

裏をとってくる場合

　クローズドスタンスで
守ると、ビッグマンがシ
ールした上で裏へのパス
を要求することがありま
す。その際は、ビッグマ
ンに密着させていた手を
上げれば、ターゲットハ
ンドに重ねることができ
るので、オフェンスとし
てはパスしにくくなりま
す。

ローポストのポジショニング（ボールがウイングにある場合）

オープンスタンス

クローズドスタンス

　ボールがウイングにあ
る場合、ボールサイドに
いるローポストのディフ
ェンスは、同じようにビ
ッグマンの前に立ちます。
オープンスタンスなら、
体の半分をビッグマンに
かぶせるようにします（裏
にはチームメイトがいま
す）。クローズドスタン
スでも同様に、ビッグマ
ンの体の半分を覆いつつ、
エンドライン方向に押し
出すようにして、ポジシ
ョンをとります。

3 ローポストへのチームディフェンス

手を出したり、引っ込めたりしながら、躊躇させる

　基本的なポジショニングはこれまでと同じですが、相手のビッグマンの中にはドリブルやパスを苦手とするタイプがいます。スカウティングなどでそれがわかった場合は、ダブルダウンでもＧＯサインでも（P58以降を参照）なく、ちょっかいを出すことによって、ビッグマンの動きを封じます。

　「ちょっかい」とは、トップあるいはボールサイドのウイングのディフェンスがビッグマンとの距離を詰め、腕を伸ばせばボールに触れるような動きでプレッシャーをかけることです。ヘジテーション（相手を躊躇させる動き。P83を参照）するわけです。

　間合いとしては、ウイングとローポストの真ん中くらいがいいでしょう。ちょっかいを出す選手が１歩でボールに触れることができ、なおかつ、クローズアウトが可能な距離だからです。

　豊浦はサイズが小さいので、ローポストにおいて、簡単な「1対1」にされたくありません。必ず、1歩でローポストのディフェンスに参加できるようにしておきます。1人のオフェンスに対し、1人のディフェンスで守るのではなく、チームメイトがいつでも助けられる距離にいるようにします。1.2人あるいは1.5人で守るイメージです。豊浦では「1.2（あるいは1.5）の距離」と呼んでいます。

　ただし、ちょっかいを出すディフェンスがビッグマンに対して完全に体を向けると、自分が本来守るべきオフェンスの動きが見えません。その動きが見える体勢で、ちょっかいを出しに行きます。

1歩でちょっかいを出せる

ローポストへのパスと同時に、ダブルチームを仕掛ける

トップからウイングにボールが渡ったら、ディフェンスは、それぞれのポジショニングを調整します。その際、ウイングがローポストのビッグマンへのパスを狙っているようであれば、トップのディフェンスは、少しローポスト寄りにポジションを絞っておきます。

トップのディフェンスは、ウイングがロー

ポストにパスを出すと同時に、ローポストのディフェンスとダブルチームを仕掛けます。ヘルプサイド（逆サイド）の前列外側のディフェンスは、トップにボールを返されないように寄っておきます。同時に、ヘルプサイドのウイングへの長いパスについても、カットを狙えるように、視野を保っておきます。

ビッグマンのドリブルと同時に、ダブルチームを仕掛ける

　ウイングからローポストへのパスまでは、前ページと同じポジションをとります。ただし今度は、トップのディフェンスは、ウイングがローポストにパスを出し、ビッグマンがディフェンスを押し込むようにしてドリブルを突いた瞬間に、ローポストのディフェンスとダブルチームを仕掛けます。

　前ページとは異なるタイミングでダブルチームを仕掛けるため、ビッグマンの判断に迷いが生じ、ターンオーバーを誘うことができ

ます。また、ここでのオフェンスは、すでにドリブルを突いているため、ボールをキャッチすると、ドリブルで逃げることができません。パスかシュートの選択になるので、周囲の3人がパスコースを塞げば、苦し紛れのシュートを打つことになります。

　ボールを受けるビッグマンがパスを苦手とするタイプなら、2つのパターンをうまく使い分けると、より効果的です。

ドリブル

ベンチからサインが出たら、ダブルチームを仕掛ける

ウイングからローポストへのパスまでは、これまでの2パターンと同じポジションをとります。ウイングがローポストにパスを出した瞬間にベンチから「GO（ゴー）！」サインが出たら、後列のもう1人のディフェンスが、ベースライン側からダブルチームを仕掛けます。

これは、ダブルチームに慣れていて、仕掛けられる前にパスを出すスキルを持っているビッグマンに対して効果的です。チームの中

でサイズが大きい選手がダブルチームに行くことにより、パスコースへの視野を消せると考えられるからです。ダブルチームに行くディフェンスは、ビッグマンに強いプレッシャーをかける必要があります。

その際は、ほかの3人が、4人へのパスコースを塞ぎます。ヘルプサイドのウイングを守っていたディフェンスは、もう一方のローポストを守りに下りるとともに、ウイングへのスキップパスのカットも狙います。

ローポストを守りながら、ウイングもケアする

第3章

ボールマンからの
アタックの守り方

オフェンスは、マッチアップゾーンを含むゾーンディフェンスの陣形を崩すために、積極的なドライブを仕掛けてくることがあります。一方、ディフェンスとしては、陣形を崩されると、その穴から攻撃されてしまいます。では、どのようにして、ドライブを止めればいいのでしょうか？　また、破られた場合、陣形を大きく崩すことなく、チームでフォローし続けるには、どうすればいいのでしょうか？　チーム全体で1個のボールを守る必要があります。

1 ドライブに対応する3つの基本

圧倒的なドライブには厚く守る

　ボールを持つ選手が圧倒的なドリブル突破力を持っていることがあります。その場合、前列の両サイドと後列の2人は、「厚く守ろう！」という指示がベンチから出たら、コート内側へときゅっと間合いを詰めながら、スタートポジションをとります。ドライブのスペースをあらかじめ狭めておくわけです。

ノーマル

間合いを詰める

厚く守ろう！

ヘジテーションでドライブをやめさせる

　ドライブに対しては、原則として、「1対1」で守ります。ただし、ドライブが鋭く、1人で守り切れない場合は、隣のディフェンスがヘジテーションで守ります。完全なヘルプではなく、最初の体の向きから、ボールマン側の足を1歩踏み出し、ドリブルをやめさせる

ようにするのです。ボールマンが、ヘジテーションで寄った側のオフェンスにパスしたら、素早くマッチアップに戻ります。
　ボールの移動とともに、残りの4人も適切なポジションに素早く移動します。

アウェイの動きに対して

ドライブに対して、隣のディフェンスがヘジテーションに踏み出した瞬間に、オフェンスがウイングポジションに離れるような動き（アウェイ）を行うことがあります。そうすると、ヘジテーションに出たディフェンスとの距離が広がり、ディフェンスがマッチアップに戻りにくくなるからです。

その場合は、パスを受けるオフェンスに近い方の後列のディフェンスが、ヘルプを行います。しかし、ここでも完全なヘルプではな

く、ヘルプに出るフリをすることにより、ボールを受けた選手が次のプレーを一瞬考えるようにするのです。つまり、判断を遅らせるわけです。

その間に、最初のドライブに対してヘジテーションに出ていたディフェンスは、マッチアップに戻り、ウイングのヘジテーションに出ていた後列の選手も、自分のエリアに戻ります。2人の受け渡しを素早く的確に行うことが重要になります。

2 ドライブに対応する連続したヘジテーション

ヘジテーションで判断を遅らせる

ドライブに対してヘジテーションしたあと、隣のオフェンスがアウェイするスペースがない状態でパスを受けた場合でも、その先（写真の左コーナー）を守っている選手がヘジテーションすれば、オフェンスの判断を遅らせることができます。最初のドライブに対してヘジテーションに出たディフェンスは、その間に戻り、コーナーからヘジテーションに出

たディフェンスも、自分のマッチアップに戻ります。このときパスを素早く展開されないように、パスコースに手を出しながら（ディナイしながら）戻ることが大切です。

また、後列のディフェンスは、素早くポストフィードされないように、ビッグマンを守ります。

コーナーに味方がいてアウェイできない

3

「1対1」のマッチアップでの ボールマンディフェンスの間合い

ワンアームを基準とし、3つの間合いを使い分ける

　相手がドリブルしてくる「1対1」に対しては、原則として、マッチアップした選手が守ります。相手の力量や状況などを考えながら、以下の3つの間合いをうまく使い分けるといいでしょう。

ワンアーム

　腕1本分の間合いで、オフェンスの前に立ちます。ディフェンスの基本的な間合いと言えます。

1／2アーム

　腕半分の間合いで、オフェンスの前に立ちます。プレッシャーをかけ、オフェンスのミスを誘います。

ゼロアーム

　オフェンスに密着し、さらに強力なプレッシャーをかけます。ドリブルやパスを苦手とする選手がボールを持った際に効果的です。また、ドリブルが得意な選手に対しては、ドリブルをやめたときにゼロアームの間合いをとります。

クローズアウトからの間合い

豊浦の場合、クローズアウトからの間合いは、1／2アームかゼロアームの間合いをとるようにしています。どちらにするかは、原則として、選手の判断に委ねていますが、それらを使って間合いを詰めることにより、ボールを受けたオフェンスに次のステップを踏ませない、あるいは次の動作に移るための視野を消す狙いがあります。

上手なオフェンスは、ワンアームの間合いがあると、ボディーフェイクなどを使えますし、そこから、シュート、パス、ドライブにつなげることができます。それをさせないよ

うなディフェンスをまずは間合いから行います。

もちろん、間合いを詰めている分だけ、カウンターで抜かれたり、ファウルを犯したりする可能性が高くなります。しかし、豊浦は、基本的にチームで守っているので、「仮に抜かれても、チームメイトがいて、助けてくれる」と伝えています。クローズアウトの状況になればなるほど、それ以外のディフェンスは、ヘルプの姿勢とポジションを素早くとりながら、次の状況に備える必要があります。

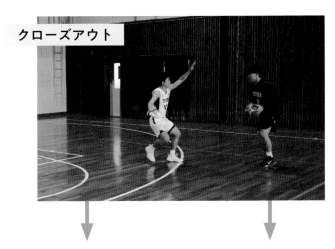

クローズアウト

1／2アーム

ゼロアーム

73

4 「1対1」のディフェンス

行きたい方向に行かせない

「1対1」のディフェンス
における理想は、オフェン
スに対し、行きたい方向に
行かせないようにすること
です。相手が踏み出そうと
した1歩目の足を挟めば、
相手は、その方向に行くこ
とができません。

また、オフェンスの動き
に対し、しっかりと胸を当
てて守ることも大切です。
オフェンスとの間に空間が
できると、うまいオフェン
スは、さまざまなスキルを
使いながら、ディフェンス
を突破しようとします。逆
に言うと、空間を与えなけ
れば、オフェンスが発揮で
きるスキルがかなり減るの
で、ディフェンスとしては、
そこからオフェンスが使う
スキルについていくことが
できます。

インラインを守る

「１対１」のディフェンスの基本として、インラインを守ることが挙げられます。インラインとはボールとゴールを結んだ架空の線ですが、その線上に立つと、オフェンスは、ゴールに直線的に向かうことができません。

「１対１」のディフェンスの理想は、「オフェンスに対し、行きたい方向に行かせないようにすること」と記しましたが、オフェンスがゴール以外の方向に進もうとしている（トップからウイングに行くなど）のに、その進行方向に立ったら、インラインを守れません。逆に、ゴールに向かわれ、得点を奪われる可能性が高くなります（下の図）。

さまざまなステップを使って動きながら、インラインを守る位置を常にとり続けます。

インライン

NGの動き

オフェンスの両肩に対し、垂直についていく

写真では抜かれているようにも見えますが、豊浦では、これを抜かれたとはみなしません。ディフェンスの両肩を結んだ線が、オフェンスの両肩を結んだ線に対して垂直になるようについていけていれば、「抜かれていない」と判断します。その先にヘルプディフェンスがいるからです。

自分の胸をオフェンスにつけ、スキルを発揮するスペースをオフェンスに与えないようにしておくことが大切です。

上から見た図

76

抜かれるとは？

　抜かれるとは、ディフェンスの両肩を結ぶラインが、オフェンスの両肩を結ぶラインに対して平行になり、なおかつ、そのラインが、ゴールに向いた状態になることを言います。そうなった場合は、完全にヘルプ・ローテーションで守ります。

　ヘルプディフェンスに出る選手としては、ボールマンとそのディフェンスの位置関係および両肩のラインを見ていれば、ヘルプするかどうかを素早く判断し、実行することができます。

上から見た図

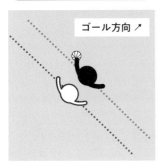

ゴール方向 ↗

低い姿勢をとり、体を密着させてついていく

「1対1」ディフェンスにおいては、低い姿勢をとることが重要です。低い姿勢で対応すれば、オフェンスは前に進んでいるので、ディレクション（進ませたい方向を示す姿勢）を崩さない限り、ファウルになりません。

ただし、手や体を使って相手を押し出すような動きをすると、ファウルになりやすいので、注意が必要です。体を垂直に密着させた状態で、相手のスピードにしっかりとついていくことが大切です。

押すのではなく、密着させる

5 「1対1」で抜かれた場合のスティール

ボールを上からたたく

オフェンスに完全に抜かれても、ヘルプがいれば、そのディフェンスが守ってくれます。ローテーションを行い、次の展開をやりにくくすることもできます。

では、速攻などでヘルプがいない場合は、どうすればいいでしょうか？　豊浦は、オフェンスがレイアップシュートに行く最後の瞬間を狙います。たいていの選手は、レイアップシュートに行く直前にボールを振ります。振ることによって、勢いをつけようとするのですが、その瞬間を狙います。

オフェンスとの間合いが近い場合は、オフェンスから遠いほうの手で、ボールを上からたたき、落ちたボールを奪います。

うしろからボールを突く（前方からの写真）

　同じような場面であっても、ボールマンとの間合いがやや広いために、上からたたけないケースがあります。その場合は、ボールマンがボールを振る瞬間に、オフェンスの腕の間から手を伸ばし、うしろからボールを突きます。

うしろからボールを突く（横からの写真）

　抜かれたとしても最後まで追いかけ、ボールマンの動きをしっかりと見ます。
ボールを振った瞬間に手を伸ばし、うしろからボールを突きます。

6 ボールマンの動きを躊躇させるヘジテーション

ドライブをやめてパスしてきたら、素早く戻る

　ボールマンの隣にいるディフェンスは、ギャップを絞って（ディフェンスとディフェンスの間合いを狭めて）、ポジションを取ります。このときボールマンと守るべきオフェンスの両方を見るために、半身になっておく必要があります。

　ボールマンがドライブで向かってきたら、体の向きを半身のままにしながら、ボールに近い方の足をボールマン側に1歩踏み出します。同時に、スティールを狙えるように、手を伸ばします。オフェンスにドライブを躊躇させるような動きをするわけです。この動きを「ヘジテーション」と言います。

　ヘジテーションに対し、ボールマンがドリブルをやめて、パスを選択したら、踏み込んだ足で床を蹴り、自分が守るべき選手のところに素早く戻ります。

　パスしたオフェンスを守っていた選手は、ジャンプ・トゥ・ザ・ボールで移動し、ボールとマークマンの両方を見ることができる姿勢で、ポジショニングをします。

7

ヘジテーションを行う際のNG

完全に正対すると見えにくい

ドリブルしてくるボールマンに対して、ヘジテーションしようとする場合、前足を引いて完全に正対すると、自分が守るべき選手の動きが見えにくくなります。

　結果として、ボールマンのドライブを止めることができたとしても、パスを出されたあとに反転しなければなりません。すると、その分だけピックアップが遅れ、シュートを打たれたり、状況によってはドライブで抜かれたりすることになります。

8 アタックに対するヘルプ・ローテーション

ルール化して守る

「3−2」のマッチアップゾーンにおいて、前列の両サイドがウイングに対してディナイで守ると、トップのオフェンスが左右の広いスペースを使ってドライブしてくることがあります。

その場合、3ドリブルまでは、前列中央の

ディフェンスが、責任を持って守ります。たとえば、1ドリブルでプルアップジャンプシュートを打たれるといった、頭の上でのプレーをやらせないようにするのも、トップのディフェンスの責任です。豊浦は、それをルール化しています。

　3ドリブルまでされると、ゴールに近づくので、ボールサイドの後列のディフェンスが、ヘルプを行います。体の面をボールマンにしっかりと向けることにより、ボールマンの視野を消します。

　その際、トップのディフェンスは、しっかりと横に並んで立ち、相手にプレッシャーをかけておきます。

　また、前列外側（ボールサイド）のディフェンスは、後列のディフェンスがヘルプに出た瞬間に、ローポストにローテーションします。ヘルプサイドのディフェンスは、ボールサイドに寄り、前列外側のディフェンスは、ヘルプサイドのローポストまで、特に絞ります。同時に、ヘルプサイドのウイングへのスキップパスにも注意を向けます。

ヘルプ

3ドリブル目

9 ローテーションのしかたと戻り方

足の運びと体の向きが、とても重要になる

ドライブに対し、後列のディフェンスがヘルプに出た場合、前列外側（ボールサイド）のディフェンスは、ローポストにローテーションします。

その際は、前列外側のディフェンスの足の運びと体の向きが、とても重要になります。動きの詳細について、次項で解説します。

ヘルプ

3ドリブル目

ボールマンとウイングの両方が見える姿勢をとる

前列外側のディフェンスがローポストにローテーションする際の動き方です。ディナイから反転し、ボールマンに体を向けた状態から、クロスステップでローポストを守りに行きます。オープンスタンスで守り、ボールマンとウイングの両方が見える姿勢をとります。

ボールマンがウイングにキックアウトしたら、うしろ足で床を蹴り、ウイングにクローズアウトします。

キックアウトされたら

クローズアウト

10 ローテーションのしかたと戻り方のNG

次の動作に対応しやすい姿勢でカバーしないと抜かれやすい

　前列外側のディフェンスがローポストにローテーションする場合、ウイングのオフェンスに背中を見せながら、スプリント（ダッシュ）でローポストに行けば、速くローテーションできるかもしれません。しかし、クロスステップと大差があるわけではありません。

　その上、ボールマンがウイングにキックアウトした場合は、反転してからクローズアウトに出なければならないので、シュートコンテストが間に合わなかったり、カウンターで抜かれたりする原因になります。

11 クローズアウトからのヘルプ・ローテーション

X‐OUT で守りに行く

クローズアウトは、カウンターで抜かれやすいデメリットがあります。抜かれてもいい方向をチームとして決めておくと、周りのチームメイトが次の展開に対応しやすくなります。

豊浦では、「ミドルライン（コート内側）に抜かれてはいけない。抜かれるとしたら、ベースライン（コート外側）に」というルールを設け、これを「ノーミドル」と呼んでいます。

クローズアウトしてベースラインに抜かれた場合、隣のディフェンスが、ヘルプに出ます。その際は、クローズアウトは抜かれやすいとの視点に立ち、ヘルプに行きやすいポジションを事前にとっておきます。

クローズアウトして抜かれたディフェンスは、ヘルプに出てくれた選手がそれまで対応していた選手を守りに行きます。この動きを「X‐OUT（エックス・アウト）」と言います。

ヘルプされたボールマンがパスを出したら、再びクローズアウトし、相手の攻撃を防ぎます。

クローズアウト

抜かれてもいいサイド

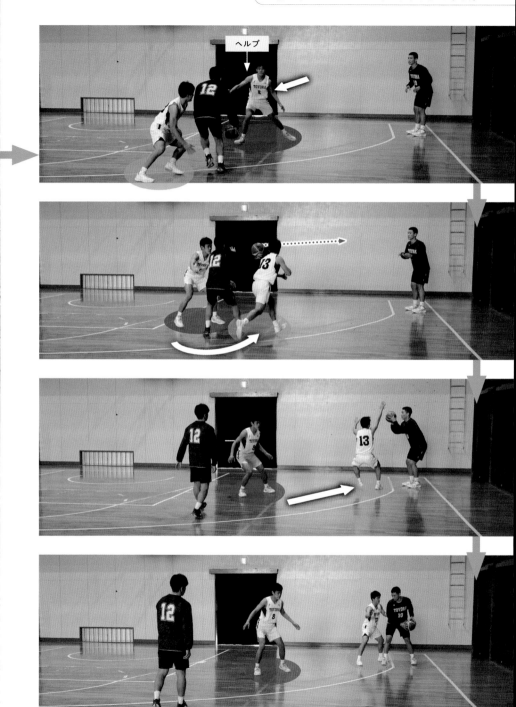

ヘルプ

第4章

ピックプレーの
守り方

　近年、「ピック」と呼ばれるオンボールスクリーンを攻撃の中心に置くチーム
が増えています。それは、相手がゾーンディフェンスであっても採用されます。
ボールマンにマッチアップするマッチアップゾーンの場合は、なおさら狙われる
でしょう。その際、ディフェンスは、どのように対応するべきでしょうか。ここ
でも、チーム全体で1個のボールを守ります。

1 サイドピックに対応する基本的な動き

姿勢と連係で守る

マッチアップゾーンに対し、ピック（オンボールスクリーン）を使って、その陣形を崩しにくるチームがあります。その対策として、まずは「サイドピック」と言われる、ウイングポジションにおけるピックに対する守り方を紹介します。

ウイングにボールが渡ると同時に、ボールサイドのビッグマンがスクリーンをかけようとしてきたら、後列のディフェンスは、その動きについていきながら、スクリーンに行くことをウイングのディフェンスに知らせます。その声を聞いたウイングのディフェンスは、「4分の3」と言われる姿勢（次項を参照）をとります。

ボールを受けたウイングがスクリーンを使って抜こうとしてきたら、ボールマンを守っていたディフェンスは、スクリーナーの外側の足を踏み越え、ボールマンを守りに行きます。その際、スクリーナーのディフェンスは、ドリブルスティールを狙うようにして手を出すなどのショウディフェンスにより、ボールマンに最短距離を抜かせないようにします。

また、ヘルプサイドにいる後列のディフェンスは、スクリーナーが簡単にはダイブできないようにポジションを移動し、ヘルプサイドのウイングのディフェンスは、ヘルプサイドのローポストとウイングの2人を守るポジションをとります。

ボールマンのディフェンスがスクリーンを回避してボールマンを守りに出たら、ショウディフェンスを行っていたディフェンスは、スクリーナーに素早く戻ります。

3/4 スタンス

2 サイドピックに対応する場合のスタンス

通常の姿勢

通常、ディフェンスは、インライン（ボールとゴールを結ぶ架空の線）に正対して立つと、ボールマンの最短距離での攻撃を守ることができます。

しかし、その姿勢でスクリーンを受けると、スクリーンに対する角度が垂直になるため、スクリーンをすり抜けることが困難になります。

ノーマル

3／4スタンス（豊浦式）

「4 分の 3」の姿勢

　豊浦のやり方として、「スクリーンに行く」などの声をスクリーナーのディフェンスが発したら、ボールマンのディフェンス（前列右または前列左）は、「4 分の 3」と言われる、サイドラインに対して平行になるスタンスで守ります。

　その姿勢になれば、仮にスクリーンを使われたとしても、ディフェンスは、スクリーンに対して垂直になることなく、スクリーナーの外側の足を踏み越えるだけで、ボールマンについていけます。

　その際、スクリーナーのディフェンスがボールマンのドリブルに対してショウディフェンス（手だけでなく、体全体を見せて、ドリブルの進行を遅らせること）を行うと、あるいはドリブルスティールを狙うようにして手を出すと、ボールマンの動きが、一瞬止まります。そうなれば、本来のディフェンスがより守りに出やすくなります。

「4 分の 3」の姿勢をとるメリット

　「4 分の 3」の姿勢をとり、サイドラインに対して平行に守ると、仮にボールマンがリジェクト（スクリーナーとは逆の方向に行く動き）しても、そのまま、スライドステップでついていくことができます。

3 サイドピックに対応するダブルチーム

「GO!」の号令で仕掛ける

　24秒クロックがかなり進んでいる場合や ボールマンのハンドリングがさほどうまくな い場合などにおいては、ベンチからの「G O!」の号令とともに、ボールマンのディフ ェンスとスクリーナーのディフェンスで、ダ ブルチームを仕掛けることができます。

　「GO!」の号令でボールマンにダブルチー ムを仕掛けると、スクリーナーが、フリーに なります。そのため、残りの3人は、ボール サイド寄りに大きくシフトしておく必要があ ります。

4 トップピックに対応する

アイスディフェンスで方向を限定する

　オフェンスはトップでボールを持つ選手に、ピックを使ってくることがあります。その際は、スクリーナーのディフェンスの声と同時に、ボールマンのディフェンスのポジショニングを変えます。スクリーナーが向かってくる方向を空け、逆方向にリジェクトさせない姿勢をとるのです。つまり、方向を限定するもので、このディフェンスを「アイス」と言います。

　ボールマンがスクリーンを使ったら、スクリーナーのディフェンスは、ショウディフェンスを行い、ボールマンにドリブルアタックさせないように守ります。ボールマンのディ

フェンスは、スクリーンの外側を抜け、ボールマンを守りに行きます。ショウディフェンスを行った選手と受け渡しをし、ボールマンを守ります。

　ボールの進行方向とは逆サイドにいる2人のディフェンスは、スクリーナーのダイブを注意するために、ポジションをペイントエリア内に絞っておきます。ただし、自分が守るべき選手の動きも視野に入れておくことが重要です。ボールサイドのウイングを守っているディフェンスは、ディナイを行い、簡単にはパスを展開させないようにします。

アイス

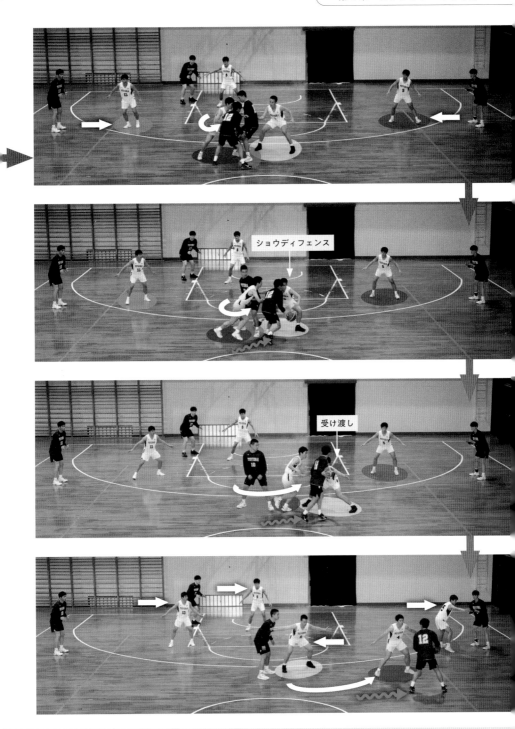

ショウディフェンス

受け渡し

ダブルチームを仕掛け、相手のミスを誘う

　トップピックに対するディフェンスにおいても、ボールマンのドリブルハンドリングにやや難があったり、パススキルがあまり高くないと判断した場合は、ダブルチームが有効です。ダブルチームは、ディフェンスに変化をつけることで相手のミスを誘いたい場合などにおいても、効果があります。「GO！」サインとともに、ショウディフェンスに出たスクリーナーのディフェンスと追いかけてきたボールマンのディフェンスが、ボールマン

にダブルチームを仕掛けます。

　その際、ほかの3人のディフェンスは、ポジションをペイントエリア内に絞っておきます。そして、スクリーナーがダイブしてきたら、ヘルプサイド後列にいるディフェンスが守ります。ヘルプサイド前列外側のディフェンスは、2人のオフェンスを守り、ボールサイドのウイングを守っていたディフェンスは、ウイングにボールを展開させないように、ディナイを行います。

アイス

5 ツーガードでのピックに対応する

外側に立つピックには、ショウバックで対応

オフェンスが「4アウト1イン（ツーガード）」のアライメントをとり、ツーガードの外側に立つピックを仕掛けてくることがあります。

その場合、スクリーナーのディフェンスは、原則として、「ショウバック」で対応します。「ショウバック」とは、ボールマンへのショウディフェンスのあと、スクリーナーのダイブに対し、素早くバックする（戻る）ことです。

ヘルプサイド後列のディフェンスは、スク

リーンがセットされるタイミングで、ミドルライン（ゴールとゴールを結んだ架空の線）上まで、あるいは、そこからボールサイドに1歩入った位置まで、ポジションを絞っておきます。スクリーナーのダイブを守るためです。その際、ヘルプサイドのウイングのディフェンスとしては、ウイングとコーナーのオフェンス2人を見ておくことが、重要になります。

ピックを使ったボールマンがヘルプサイド

のコーナーにスキップしたら、原則として、スキップされたサイドのウイングのディフェンスが、コーナーを守りに出ます。後列のディフェンスが出ていくこともありますが、優先順位の高さとしては、同じサイドのウイングのディフェンスが上位になります。後列のディフェンスは、ウイングのディフェンスの動きを見ながら、コーナーに出ていくべきか、とどまるべきかを判断します。

豊浦では、そうした確認作業を「友だちを見る」と表現しています。その作業を怠り、1人のオフェンスに対して2人が守りに出る

と、ゾーンの陣形が大きく崩れます。そして、失点につながります。普段、学校生活もともにしている「友だちを見る」作業は、チームディフェンスを行う上で、非常に重要な要素と言えます。

ボールマンを守りに行ったディフェンスはウイングに素早く展開されないよう、ディレクション（方向づけ）をして守ります。

ボールがもとの位置からヘルプサイドに移動したら、全員が、それに反応し、「3－2」の陣形をとります。その際は、ヘルプサイドのウイングが、2人のオフェンスを見ます。

ボールを
展開されないよう
ディレクションする

内側に立つピックには、ウイングのディフェンスがフォロー

同じアライメントでも、スクリーナーがツーガードの内側でピックに立つことがあります。その場合は、「アイス」（P104）からのショウバックで守ります。スクリーナーのダイブに対しては、ピックとは逆側のウイングを守っていたディフェンスがフォローし、ダイブとウイングの両方を見ます。その上で、スクリーナーのディフェンスが戻ってくるのを待ちます。

ヘルプサイドの後列を守っていたディフェンスは、ボールマンのドライブに対してヘルプの準備をし、それと同時に、コーナーのオフェンスを視野に入れておきます。ボールマンが早い段階でコーナーにパスしようとしたら、後列のディフェンスが、コーナーに出ます。ボールマンがペイントエリアの奥までドライブし、ヘルプさせてからコーナーにパスを飛ばそうとしたら、ウイングを守っていたディフェンスが、コーナーを守りに出ます（写真は後者）。

チームディフェンスにおいては、ボールサイドとヘルプサイドの連動が大事になります。

アイス

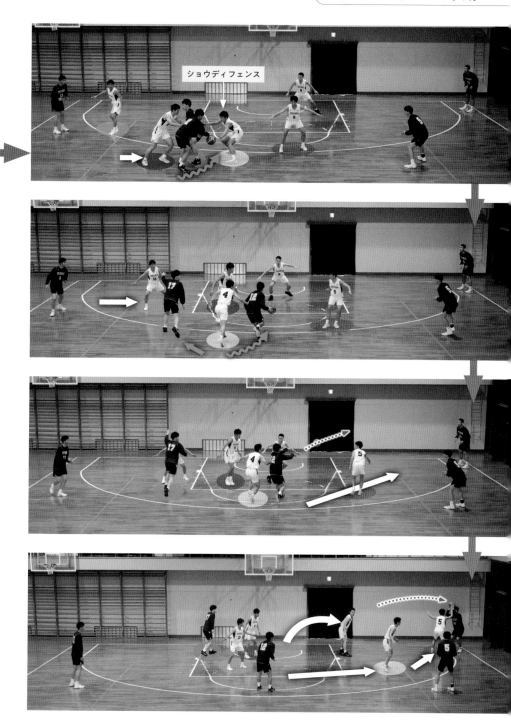

ショウディフェンス

第5章

豊浦式
ディフェンス
ドリル

　豊浦式マッチアップゾーンは、チーム全体で共通認識を持って連動することにより、力を最大限に発揮します。そして、それを実現するには、選手個々のディフェンス力向上が欠かせません。最後に、豊浦式マッチアップゾーンを行うための分解ドリルとディフェンス力全般を強化するための基礎ドリルを紹介します。

1 「4対3」

以下の動きを24秒間、行います。オフェンスが、パスを展開。ディフェンスは、そのボール移動に対し、的確なポジションを素早くとります。まずは、オフェンスがあまり大きく動かないようにし、パス展開に対するディフェンスの練習をします。そのあと、ダミーのドライブなどを入れていきます。

動き方（1）

ボールマンと2人のオフェンスを見る

1 オフェンスが、ツーガードポジションと左右のウイングポジションに立ちます。ディフェンスは、ボールマンとその左右のオフェンスを守ります。その際、ノーマークになるオフェンス側のディフェンスは、ボールマンの隣のオフェンスを主に守りますが、同時に、ノーマークになっている選手も見えるポジションをとります。

2 ノーマークのウイングにボールが飛んだら、2人のオフェンスを守っていたディフェンスは、ボールマンを守りに行きます。もとのボールマンを守っていたディフェンスは、パスが飛んだ時点で、ボールマンの隣の選手（もう1人のガード）を守りに行きます。その際、ディナイを行い、簡単には展開させないようにします。遠いサイドのウイングを守っていたディフェンスは、そのウイングに気を配りながら、遠いサイドのガードを守ります。

動き方（2）

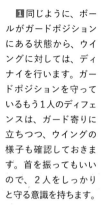

ボールマンを見ながら、2 人のオフェンスに注意する

1 同じように、ボールがガードポジションにある状態から、ウイングに対しては、ディナイを行います。ガードポジションを守っているもう 1 人のディフェンスは、ガード寄りに立ちつつ、ウイングの様子も確認しておきます。首を振ってもいいので、2 人をしっかりと守る意識を持ちます。

簡単にはパスを展開させない

2 隣のガードにボールが渡ったら、ボールマンのディフェンスは、簡単には隣のウイングに展開されないように、ディレクション（方向づけ）を行います。同時に、もとのボールマン（パスを出したガード）を守っていたディフェンスは、スプリントで、ボールサイドのウイングを守りに行きます。ボールから遠い方のウイングを守っていたディフェンスは、2 人を守れる位置に移動します。

3 ガードポジションからウイングに移動した選手は、ディナイを行います。ヘルプサイドの 2 人を守るディフェンスは、ガードを厚く守りながら、ウイングの動きにも注意を払います（もとの位置に戻ります）。

2 「5対4」

「4対3」から、攻守ともにインサイドに1人ずつ増やし、「5対4」にします。「4対3」の際と同様に、以下の動きを24秒間、行います。オフェンスが、パスを展開。ディフェンスは、そのボール移動に対し、的確なポジションを素早くとります。

動き方（1）

1

1 オフェンスが、ツーガードポジション、左右のウイングポジション、ローポストに立ちます。ディフェンスは、ボールマン、その左右にいるオフェンス、ローポストを守ります。その際、ボールマンのディフェンスはディレクションを、ボールマンが顔をのぞかせている側のディフェンスは、ディナイをそれぞれ行います。ノーマークになるオフェンスがいる側のディフェンスは、ボールマンの隣のオフェンスを主に守りますが、同時に、ノーマークになっている選手にも注意を向けます。これをこのドリルの基本陣形とします。

2 ディナイされている側のウイングにボールが渡ったら、ボールマン（ウイング）のディフェンスは、プレッシャーを強め、ローポストのディフェンスは、パスを入れさせないように、ポストディフェンスに移行します。

3 パスを出したガードを守るディフェンスは、ギャップを絞り、ドライブコースを消します。逆サイドにいるディフェンスは、ポジションをペイントエリアに移動し、オフェンス2人を守ると同時に、ローポストへの裏パスにも注意します。

■動き方（1）からの続きで、ウイングからガードにボールが戻ってきたら、基本陣形をとります。

2 逆サイドのウイングにボールが飛んだら、逆サイドのガードを守っていたディフェンスは、ウイングを守りに行きます。頭越しのパスになるため、スプリントで行けば、追いつけると考えます。同時に、もとのボールマン（パスを出したガード）を守っていたディフェンスは、スプリントで、ボールサイドのガードを守りに行きます。ボールから遠い方のウイングを守っていたディフェンスは、ヘルプサイドになる2人（ガードとウイング）を守れる位置に移動します。ローポストのディフェンスは、オフェンスの動きに合わせ、そのまま守ります。

3 ボールマンのディフェンスは、ボールマンのシュートを消した（クローズアウト）上で、ベースライン側にディレクションを行います。ボールサイドのガードを守るディフェンスは、ギャップを絞り、ドライブコースを消します。ローポストのディフェンスは、パスを入れさせないように守ります。

1 ウイングが、逆サイドのガードにパスを飛ばします。

2 逆サイドで２人のオフェンスを守っていたディフェンスとボールサイドでガードを守りながらギャップを絞っていたディフェンスは、ボールの進行方向（逆サイドのガード）に向かいます。パスを出したウイングのディフェンスとローポストのディフェンスも、ボールの移動に合わせ、ポジションを変えます。

ボールOK!

簡単にはパスを展開させない

3 パスを受けたボールマンについたディフェンス（1人で2人を守っていたディフェンス）は、ボールの流れ（移動方向）のまま、ウイングにパスを出させないようにディレクションしながら、クローズアウトを行います。同時に、ボールマンに向かおうとするもう1人のディフェンス（**2**でギャップを絞っていたディフェンス）に対し、「ボール、OK！」のかけ声を送ります。その言葉を聞いたディフェンスは、スプリントで、ボールサイドのウイングを守りに行きます。

4 ボールマンのディフェンスは、プレッシャーをしっかりとかけ、ボールサイドのウイングのディフェンスは、ディナイを行います。ヘルプサイドのディフェンスは、1人で2人を守るポジションをとります。

ディフェンスの数が少ない状況で守ることにより、豊浦のマッチアップゾーンに不可欠である、適切で素早いポジショニングを養います。ディフェンス同士のコミュニケーション（「ボール、OK！」など）が必須であることは、基本的なチームディフェンスの際の考え方と変わりません。

それと並行し、「ヘルプサイドでは1人のディフェンスが2人のオフェンスを守る（ケアする）」との原則に対する、意識の向け方や視野の持ち方をトレーニングしていきます。

3 フットワーク

豊浦のマッチアップゾーンに限らず、ディ
フェンス全般に必要となる素早いフットワー

クをトレーニングするドリルです。

スタートポジション

　3人のサポーターが、ディフェンス（白のユニ
フォームを着用している選手）の左右とうしろに、
約2メートルの距離をとって立ちます。ディフェ
ンスの左にいる選手を「1」、うしろにいる選手を
「2」、右にいる選手を「3」とします。さらに、合
図を出す選手が、ディフェンスの正面に立ちます。

基本的なやり方

　■合図を出す選手が「1」と言ったら、ディフェ
ンスは、スライドステップを素早く行います。
左のサポーターにタッチしたあと、スタートポジ
ションに素早く戻ります。
　■■同様に、合図を出す選手が「3」と言った
ら、スライドステップで右のサポーターにタッチ
し、「2」と言ったら、スライドステップでうし
ろのサポーターにタッチします。合図を出す選手
は、ディフェンスがスタートポジションに戻った
ら、考える隙を与えないように、素早く合図を出
します。20秒間、これを行います。

応用編

「1」

1 合図を出す選手が、声に指差しを加えます。ディフェンスは、合図の声に反応します。指で「3」（右側のサポーター）を差しながら

「1」と言ったら、ディフェンスは、左にスライドステップし、左側のサポーターにタッチします。

「3」

2 指で「2」（うしろのサポーター）を差しながら「3」と言ったら、ディフェンスは、右にスライドステップし、サポーターにタッ

チします。指差し（目で見た現象）に惑わされずに、素早く的確に動くことが大切です。20秒間、これを行います。

4 ボックスアウトドリル ①

　豊浦には、高身長の選手が毎年のように入ってくるわけではありません。むしろ、豊浦は、全国的に見て、サイズが小さいチームと言えます。相手チームに高身長の選手がいる場合、マッチアップゾーンで相手の攻撃を狂わせたとしても、リバウンドで後手を踏むと、失点につながりやすくなります。そうならないようにするためには、ボックスアウトが欠かせません。このドリルは基本的なメニューですが、ことあるごとにこれを継続し、ボックスアウトの意識を高めていきます。

基本的なやり方

　3人1組になり、ボールマンと攻守のリバウンダーが向き合います。ディフェンスのリバウンダー（白のユニフォームを着用しているボール非保持の選手）が、オフェンスのヒザに座るようなイメージで、背中でボックスアウトします。ボールマンが浮かせたボールの軌道を見た上で、ギリギリまでボックスアウトし、自分のジャンプの最高点でキャッチします。着地後は、オフェンスに奪い返されないようにしながら、オフェンスから遠い位置で、しっかりとボールを保持します。

背中だけではないボックスアウト

フロント

サイズもパワーも、ともに相手が圧倒的に上回っている場合は、前向きで相手の動きを止めます。ただし、目はボールに向けておきます。

片手（サイド）

サイズは同じだが、パワーで相手が上回っている場合は、横向きになり、片手で相手の動きを止めます。横向きになると、強い力を発揮でききます。

5 ボックスアウトドリル ② チップアウト

リバウンド争いでは、相手と最後まで競り合うことがあります。そのギリギリの戦いを制することができるかどうかが、勝敗に関わってきます。競り合いでマイボールにするために、「チップアウト」と言われる、ボールを弾くスキルを身につけます。

自分にチップアウト

ボックスアウトドリル①の際と同じように、3人1組になります。ボックスアウトした状態から、ボールマンが放り上げたボールに飛びつき、前方の空いているスペースに片手で弾きます（チップアウト）。さらに、着地と同時に再度ボールに飛んでキャッチします。
＊ここでは、わかりやすくするために、相手が競らない状態で実施しています

味方にチップアウト

状況によっては、自分にチップアウトするスペースがない場合があります。しかし、それくらい多くの選手が自分の周りにいるのであれば、ほかのところにスペースがあることになります。チップアウトする際に空中で味方を見つけ、その選手に両手でパスするイメージでチップアウトする方法もあります。このドリルでは、ボールを放り上げた選手に対し、チップアウトします。ボールを放り上げた選手は、受ける位置を指定するようにして動きます。

片手でも

片手よりも両手の方がボールをコントロールしやすいのは確かですが、両手を使うことができない（片手の方が高い位置でボールに触れる）場合があります。片手でチップアウトするやり方も、練習しておきましょう。

6 リバウンド～ファストブレイク

ディフェンスでリバウンドを取ったら、ファストブレイクに入りたいと考えます。そのためには、ディフェンスからオフェンスに切り替えるドリルをフルコートで実施する必要があります。

特別なドリルではありません。ディフェンスでリバウンドを取ったらファストブレイクにつなげる、単純なドリルです。

相手にシュートを打たれたら、相手の状況に応じてボックスアウトを行い、リバウンドを取りやすくする状態をつくります。とはいえ、ボールはどこに落ちてくるかわかりません。ボールがリングに弾かれるまで、わからないものなのです。

トランジション（切り替え）ドリル

ディフェンスからオフェンスに切り替える際に重要なのは、自分たちがリバウンドを取れると判断した瞬間に、リバウンダー以外の選手たちが走り始めることです。

場合によっては、ドリブルの苦手な選手がリバウンドを取ることがあります。その際は、ボール運びに長けているガードなどの選手が、パスを受けに行きます。ボール運びが可能な選手がリバウンドを取りそうなら、ほかの4人は、一斉に走り始めます。

ただし、ボールマンが即座にプレッシャーを受けることがあります。まずは、そういった状況を確認することが必要になります。

取れると判断したら走り始める

7 コアドリル（体幹）

バスケットボールに限らず、スポーツを行うにあたっては、体幹を鍛える必要があります。ここでは、体感を鍛えるために豊浦が行っているコアドリルを紹介します。

パワースタンスで

パワースタンスをとり、胸の前で、両手でしっかりとボールを持ちます。パートナーが、そのボールを押したり、ボールマンの肩を押したりします。ボールマンは、最初にとった姿勢を崩さないように耐えます。20秒間、これを続けます。

手を伸ばして

ボールを持った手を胸の前でまっすぐに伸ばし、その状態で、同じようにパートナーに押してもらいます。

足を前後に開いて

足を前後に開き、腰を下ろした状態になります。左ページの「パワースタンスで」の際と同様に、胸の前で、両手でしっかりとボールを持ちます。パートナーが、そのボールを押したり、引っ張ったり、ボールマンの肩を押したりします。ボールマンは、最初にとった姿勢を崩さないように耐えます。20秒間、これを続けます。

豊浦のチームづくり

高校総体を最終目標にしたチームづくり

　高校スポーツの場合、選手は毎年入れ替わりますが、私は、1年をおおむね3か月ごとの4期に分けた上で、チームづくりを行っています。

　私たちのゴールは全国高校総体です。高校のバスケットボール界においては、年末の「ウインターカップが最終目標」と言われますが、普通の公立高校である豊浦の選手の中には、大学受験などに向け、全国高校総体を最後に卒部する生徒がいます。そのため、全国高校総体をゴールとして定めているのです。

　新チームのスタートは全国高校総体後の8月で、最初のターゲットは、11月に行われるウインターカップの山口県予選になります。そこで勝ち抜けば、ウインターカップを終えるまでが第1期。続く第2期は1月からで、3月下旬に行われるカップ戦（近年は全国高校交歓バスケットボール京都大会＝「京都招待」）を目標に活動します。第

3期は4月からで、6月の全国高校総体予選に向け、チームをつくります。そして、最終の第4期は6月から。全国高校総体の出場権を獲得していれば、例年7月下旬から始まる本大会を目指します。この流れは、選手たちにも伝えています。

　第1期は基礎づくりで、夏休みを活用します。学期中よりも練習時間を多くとれるので、有効に使っています。ただし、夏は熱中症に警戒しなければならないので、走り込ませるような練習は、ほぼやりません。ハンドリングなどのスキルを一つひとつていねいに見直し、それとともに、豊浦のバスケットボールの考え方をチームでしっかりと共有します。

　豊浦にはスーパースターがいないので、その分、全選手に対し、年間を通して基本的なことを求めます。ピヴォットや足を踏み出してパスを出すといったことを要求するわけです。同時に、ウインターカップの山口県予選に向けたチームづくりも行わなければなりま

せん。多くの学校がその年の完成形に近いチームで挑む大会なので、基礎づくりとチームづくりを並行して実施するのは厳しいと言えます。それでも、最善の準備をした上で、毎年挑んでいます。

「1対5でバスケットボールをするな」

チームづくりに関しては、私が考えるバスケットボールが、基本的な土台になります。ただし、最終的には、その年の選手たちの特徴を見ながら固めます。特にオフェンスに関しては、シュートが得意な子が多ければ、パッシングに重きを置きますし、「1対1」が好きな選手が多ければ、ドライブからの合わせに重きを置きます。ドライブを軸にしながら、逃げ道（パスコース）をつくるオフェンスに持っていくイメージでしょうか。

私は、「『1対5』でバスケットボールをするな」と選手たちに常々言っています。チームメイト（表現としては「友だち」）が必ずパスコースに合わせてあげるように促しています。

例えば、相手がゾーンプレスなどを仕掛けてくる際は、自分たちのドライブやドリブルに対し、常に3通りのパスコースをつくるようにしています。パスコースを「逃げ道」と呼び、必ずつくるようにしているのです。そうすれば、ドリブルをやめたときに、次のオフェンスをスムーズに展開できます。適切なピヴォットからパスを出せば、ターンオーバーが減ると考えているわけです。

「豊浦はパスがうまいですね」と他校のコーチからよく言われますが、パスがうまいのではありません。オフボールのチームメイトが、パスを受けられる位置に動いてあげているのです。身長も運動能力も決して高いとは言えない豊浦は、チームで戦うしかありません。それが「『1対5』でバスケットボールをするな」の真意であり、それをファンダメンタルとして習得させています。

おわりに

コーチとしての私の原点は、「はじめに」でも述べたように、2人の偉大なコーチ、二杉茂さんと父・幸正によるバスケットボールです。

ただし、学んだのは2人からだけではありません。福岡第一高校の井手口孝コーチ、福岡大学附属大濠高校の片峯聡太コーチ、尽誠学園高校の色摩拓也コーチ、東山高校の大澤徹也コーチなど、挙げれば、きりがありませんが、全国のコーチから多くのことを学んでいます。

全国大会や多くの招待試合に参加させていただくと、さまざまなチームのバスケットボールを間近で見ることができます。私は、彼らのバスケットボールの「芯」を見つけることが大好きです。

練習試合では、タイムアウトの際に、豊浦の選手たちを怒るふりをしながら、相手チームのベンチ前まで行くことがあります。コーチはこのタイミングで選手たちにどんなことを言っているのだろうか、それを確かめるためです。

今でこそ、「あのときはどんな指示を出していたんですか？」と試合後に聞きに行ける関係を各校のコーチとの間に築けています。しかし、私が駆け出しの頃や他校のコーチとの面識がまだない頃などは、そうやってコーチングを盗んでいました。

仙台大学附属明成高校の故・佐藤久夫コーチとは、面識はありますが、地理的な問題などから、直接的に交わることが、なかなかできませんでした。そういったところは、これからの課題と言えます。

今後はカテゴリーを超え、B.LEAGUEやWリーグのコーチたちとも話してみたいと思います。女子のバスケットボールから学ぶことも多いと考えています。また、可能であれば、男子日本代表のトム・ホーバスヘッドコーチや女子日本代表の恩塚亨ヘッドコーチの話も聞いてみたいです。

恩塚ヘッドコーチに関しては、東京医療保健大学が彼が抜けたあとも全日本大

学バスケットボール選手権大会を制しているので、ヘッドコーチがいなくなっても強くあり続けられる要因を教えていただきたいと思っています。それを豊浦に残せれば、学校としての財産になります。公立高校の教師である私たちならではの課題と言えるでしょう。

　一教師である私は、当然のことですが、授業を受け持っています。そんな状況でもバスケットボールに対して貪欲なのは、バスケットボールが好きだからです。そして、私が生まれ育った山口県に恩返ししたい、山口県のバスケットボールを強くしたいという思いがあるからです。「地方の公立高校じゃ勝てない」と言われることがありますが、山口県のチームは、ミニバスケットボールや中学校のバスケットボールでは、全国大会で結果を残しています。それを高校も継承しなければいけないと思います。

「はじめに」で書いた通り、河村勇輝や中村太地といった山口県出身の選手が、他県の高校を経て、プロの世界で活躍しています。それはそれでうれしいことですが、豊浦も、中村功平（現・茨城ロボッツ）、佐々木隆成（現・三遠ネオフェニックス）、喜志永修斗（現・富山グラウジーズ）といったB.LEAGUE選手を輩出しています。能代工業高校や市立船橋高校といったスポーツに力を入れられる公立校以外のいわゆる普通の公立校からB.LEAGUE選手が3人も生まれたことは、私だけでなく、学校としても山口県としても、誇りに思うところです。

　教員の立場としては、バスケットボールを通じて、子どもたちの人間性の部分を育んでいきたいと考えます。中村（功）、佐々木、喜志永のようなバスケットボールで生活できる人間は、ほんの一握りです。部員の大半は、普通に働いて、普通に家族をつくってという生活を送ることになるでしょう。そんな普通の日々の生活において活躍する、通用する人間を育てなければならないと思っています。

　中村（功）の代は彼がキャプテンでしたが、彼以外のスタメン4人は、進学した大学において、それぞれがキャプテンを務めました。ちなみに、中村だけが、大学ではキャプテンではありませんでした。

　2023年に大学4年生になった代についても、3人がキャプテンになったと聞きました。うれしいことです。

　バスケットボールを通じての人間形成に対する思いはこれからも変わりませんし、そのために、これからも学び続けたいと考えます。ただし、学び得たものは「絶対」ではないということを父の言葉から承知しています。

　読者のみなさんが、本書から、少しでも学びを得たとすれば、うれしい限りです。しかし、それが絶対ではないことを覚えておいてください。豊浦のマッチアップゾーンを学んだ上で、みなさんが、それぞれのチームや選手に合った形で落とし込んでアレンジし、そして、それぞれのチームに合ったマッチアップゾーンを生み出してください。もちろん、うまくいかないことがあると思いますが、その経験は、糧になります。そのようにして成長したのが今の豊浦ですし、みなさんのチームもそうなれば、本書を上梓した私としては、この上ない喜びを得られます。

　普通の公立高校が強豪私学に勝つのは、決して簡単なことではありません。彼らの練習を見て、真似ようと思っても、彼

らは、私たちの物真似以上のことを学び、実践しています。

では、ただでさえ、身体能力や運動能力が高い彼らに、どのようにして打ち勝てばいいのでしょうか。プレーの質はもちろんですが、最後にものを言うのは心です。精神論と思われるかもしれませんが、気持ちで負けたら、彼らには勝てません。

私は、「『本気の一生懸命』になれ」と選手たちによく話していますが、これは、二杉コーチの「逃げるな」という言葉に通じます。身体能力や環境の違いから逃げずに立ち向かうことが重要なのです。二杉コーチのディレイドオフェンスは、日本中の多くのチームが実践していたフルコートでのトランジションバスケットボールから逃げることなく、それに勝ってやろうとして取り入れた戦術です。

これからもさまざまな視点からバスケットボールを学び続けながら、私自身も、「本気の一生懸命」になり、チームを築き上げていきます。

私にバスケットボールのおもしろさと奥深さを教えてくれた2人のコーチ、「逃げずに戦えば、勝機はある」こと、「絶対というバスケットボールはない」ことを示してくれた、故・二杉茂コーチと亡き父・幸正に本書を捧げたいと思います。

2023年10月吉日
山口県立豊浦高校
バスケットボール部コーチ
枝折康孝

著者にバスケットボールのおもしろさと奥深さを教えた父・幸正氏と（写真は、著者が選手として出場した2012年『ぎふ清流国体』から。左端は母・眞知子氏、右端は兄の健吾氏）

枝折康孝 (しおり・やすたか)

1980年6月6日年生まれ、山口県出身。JBA公認A級コーチ。田臥勇太（秋田県立能代工業高校出身。現・宇都宮ブレックス）と同い年で、中学時代には「東の田臥、西の枝折」と称された。天理大学に進み、卒業後、山口県で高校教員になった。着任4校目である山口県立豊浦高校での自身の最高成績は全国大会ベスト16。全国高校総体で1度、ウインターカップ（全国高等学校バスケットボール選手権大会）で3度記録している

山口県立豊浦高校バスケットボール部

1927（昭和2）年創部で、全国高校総体に30回、ウインターカップ（全国高等学校バスケットボール選手権大会）に17回出場している（2023年10月現在）。全国大会での最高成績はウインターカップにおけるベスト8。「学ぶ姿勢」と「感謝する心」をモットーに、学校生活と部活動に取り組んでいる。双子の中川直之・和之兄弟（ともに引退）、中村功平（現・茨城ロボッツ）、佐々木隆成（現・三遠ネオフェニックス）、喜志永修斗（現・富山グラウジーズ）らを卒業生に持つ

特別協力	山口県立豊浦高等学校
企画・構成	三上 太
編集	冨久田 秀夫、中谷 希帆、関 孝伸
デザイン	黄川田 洋志、井上 菜奈美
写真	長谷川 拓司

高校バスケットボール『考える』戦い方シリーズ

豊浦高式 マッチアップゾーン

2023年10月31日　第1版第1刷発行

著　者	枝折 康孝
発 行 人	池田 哲雄
発 行 所	株式会社ベースボール・マガジン社
	〒103-8482 東京都中央区日本橋浜町2-61-9
	TIE 浜町ビル
電　話	03-5643-3930（販売部）
	03-5643-3885（出版部）
振替口座	00180-6-46620
	https://www.bbm-japan.com/

印刷・製本　共同印刷株式会社